DEN ULTIMA GUIDEN FÖR BOTANISKA COCKTAILS

100 snabba och enkla trädgårds-till-glas-drycker

Linus Holm

Copyright Material ©2024

Alla rättigheter förbehållna

Ingen del av denna bok får användas eller överföras i någon form eller på något sätt utan korrekt skriftligt medgivande från utgivaren och upphovsrättsinnehavaren, förutom korta citat som används i en recension. Den här boken bör inte betraktas som en ersättning för medicinsk, juridisk eller annan professionell rådgivning.

INNEHÅLLSFÖRTECKNING

INNEHÅLLSFÖRTECKNING 3
INTRODUKTION 6
VODKA 7
   1. VITLÖK-HABANERO VODKA 8
   2. LAVENDEL-ROSMARIN L EKÖR 10
   3. UPPFRISKANDE VATTENMELONVODKA 12
   4. NÖT LIKÖR 14
   5. BANANLIKÖR 16
   6. LAKRITS - LIKÖR 18
   7. PLOMMONLIKÖR 20
   8. MANDARINLIKÖR 22
   9. KRYDDPEPPARLIKÖR 24
   10. LAVENDEL LIKÖR _ 26
   11. GRÖNT TELIKÖR 28
   12. KANELLIKÖR 30
   13. VANILJ-KAFFELIKÖR 32
   14. M INT LIKÖR 34
   15. SÖT APELSIN & KRYDDNEJLIKALIKÖR 36
   16. S JORDGUBBAR OCH LIMONCELLO 38
   17. VARM SMÖRAD CIDER 40
   18. PEPPARMINTSSNAPSLIKÖR 42
   19. LIMELIKÖR 44
   20. KRYDDIG ÖRTLIKÖR 46
   21. ANANAS VODKA LIKÖR 48
   22. HALLONINFUNDERAD VODKA 50
   23. PAPAYALIKÖR 52
   24. BLÅBÄRSLIKÖR 54
   25. CHOKLADLIKÖR 56
   26. KOKOSLIKÖR 58
   27. CURACAO LIKÖR 60
   28. GRAPEFRUKTLIKÖR 62
   29. HONUNGSLIKÖR 64
   30. TELIKÖR 66
   31. PEPPARMYNTSLIKÖR 68
   32. ANGELICA LIKÖR 70
   33. BLÅBÄR OCH APELSINLIKÖR 72
   34. KUMMINFRÖ _ LIKÖR 74
   35. APPLE VODKA LIKÖR 76
   36. P VARJE VODKALIKÖR _ 78
   37. AKVAVIT VODKA 80
   38. CITRON VODKA 82
   39. ORANGE BITTER 84

40. Jordgubbe Vanilj Vodka 86
41. Citron Granatäpplelikör _ 88
42. Björnbär Orange Infunderad Vodka 90
43. Marshmallow Vodka 92
TEQUILA **94**
44. Citrongräs-Ingefära Likör 95
45. Margaritalikör 97
46. Mexikansk tepunch 99
47. Jalapeño Kalk Tequila 101
48. Ananas och Serrano tequila 103
49. Ingefära Citrongräs Tequila 105
50. Mandelguldlikör _ _ 107
ROM **109**
51. Kaffe Likör 110
52. Banan och kokos likör 112
53. Kryddat Rom 114
54. Jasmin te likör 116
55. Mocka grädde likör 118
56. svenska frukt i likör 120
57. Tranbärshjärtat 122
58. Krämig romlikör 124
59. Ananas Rom 126
60. Citrus Sangria 128
61. Frukt Stansa 130
WHISKY **132**
62. Citron Infunderad Bourbon 133
63. Bacon-infunderad gammaldags 135
64. Persika och kanellikör 137
65. Choklad crème likör 139
66. Bing Cherry likör 141
67. Apelsin och honung Lekör 143
68. Jag rish cream likör 145
69. Tranbär Orange Whisky 147
70. Kaffe-Vanilj Bourbon 149
71. Körsbär-vanilj Bourbon 151
72. Äppel-kanel Whisky 153
73. Vanilj Böna Bourbon 155
GIN **157**
74. Cajun martini 158
75. Tranbär gin 160
76. Pomander gin 162
77. Citron Ingefära Kardemumma Gin 164
78. Äpple och Päron Gin 166

79. GRÖN TE GIN 168
BRANDY 170
   80. MANDARIN APELSIN LIKÖR 171
   81. AMARETTO LIKÖR 173
   82. APRIKOSLIKÖR 175
   83. HALLON LIKÖR 177
   84. ÄPPLE KANEL BRANDY 179
   85. KALIFORNIEN ÄGGTODDY 181
   86. KÖRSBÄR BRANDY 183
   87. MANDELLIKÖR 185
   88. PÄRONLIKÖR 187
   89. INGEFÄRA LIKÖR 189
   90. KAFFE VANILJ LIKÖR 191
   91. KARDEMUMMA-FIG BRANDY 193
   92. PLOMMON-KANEL BRANDY 195
   93. CHAI-PÄRON BRANDY 197
COGNAC 199
   94. GRAND APELSIN-COGNAC LIKÖR 200
   95. FÄRSKA FIKON CURACAO 202
   96. CHAI-INFUNDERAD COGNAC 204
   97. KÖRSBÄRSINFUNDERAD COGNAC 206
   98. FIKON & GRAND MARNIER LIKÖR 208
   99. PERSIKA INFUNDERAD COGNAC 210
   100. ANANAS ORANGE BITTERS LIKÖR 212
SLUTSATS 214

INTRODUKTION

Kliv in i den förtrollande världen där de färskaste örterna, frukterna och botaniska underverken samlas för att skapa en symfoni av smaker i "DEN ULTIMA GUIDEN FÖR BOTANISKA COCKTAILS". Den här guiden är ditt pass till riket av trädgård-till-glas-mixologi, där vi inbjuder dig att utforska 100 snabba och enkla recept som förvandlar din favoritsprit till fängslande hopkok.

I detta botaniska äventyr firar vi den pulserande skärningspunkten mellan natur och mixologi, och visar hur örter från din trädgård kan lyfta ditt cocktailspel till nya höjder. Föreställ dig de soldränkta eftermiddagarna, den milda brisen som bär doften av blommande blommor och klirrandet av isbitar i ett glas fyllt med ett trädgårdsfräscht elixir. Det är en sensorisk upplevelse som går utöver det vanliga och inbjuder dig att omfamna skönheten med växter i varje klunk.

Oavsett om du är en erfaren mixolog eller en hemmabartender som vill lägga till en touch av botanisk briljans till din repertoar, är den här guiden utformad för att inspirera och glädja. Från klassiska kombinationer till innovativa vändningar, varje recept är ett bevis på konstnärskapet av botaniska cocktails, vilket gör dem tillgängliga för både nybörjare och entusiaster.

Så, ta tag i din muddler, välj dina favoritörter och låt oss ge oss ut på en resa av smak, arom och visuell njutning när vi dyker in i "DEN ULTIMA GUIDEN FÖR BOTANISKA COCKTAILS."

VODKA

1.Vitlök-Habanero Vodka

INGREDIENSER:
- 1 habaneropeppar
- 1 vitlökslök, separerad och skalad
- 750 milliliters vodkaflaska

INSTRUKTIONER:
a) Placera vitlök och habaneropeppar i en Mason-burk.
b) Fyll burken med vodka. Stäng och skaka ordentligt.
c) Brant i 3 till 5 timmar.
d) Sila vodkan genom en finmaskig sil.

2.Lavendel-rosmarin likör

INGREDIENSER:
- 750 milliliters vodkaflaska
- 1 kvist färsk rosmarin, sköljd
- 2 kvistar färsk lavendel, sköljda

INSTRUKTIONER:
a) Lägg örter i en Mason-burk.
b) Häll vodkan i burken.
c) Skaka upp det ett par gånger och låt det dra i tre till fem dagar.
d) Sila av örterna.

3.Uppfriskande vattenmelonvodka

INGREDIENSER:
- 750 milliliters vodkaflaska
- 1 vattenmelon, i tärningar

INSTRUKTIONER:
a) Lägg den tärnade vattenmelonen i en infusionsburk.
b) Häll vodkan över frukten och skaka om den ett par gånger.
c) Förslut locket och låt dra i 4 till 6 dagar.
d) Skaka den en eller två gånger om dagen.
e) Sila vattenmelonen från vodkan.

4.Nöt likör

INGREDIENSER:
- 2 pund osaltad, oblanserad mandel, hackad
- 1 kopp socker
- 1 flaska vodka
- Socker sirap

INSTRUKTIONER:
a) Lägg de hackade nötterna i burken och tillsätt sockret och vodkan.
b) Brant i en månad, skaka dagligen.
c) Sila bort nötterna.
d) Tillsätt sockerlag.

5.Bananlikör

INGREDIENSER:
- 2 mogna bananer, skalade och mosade
- 3 koppar vodka
- 1 kopp socker
- 1 tsk vaniljextrakt
- 1 kopp vatten

INSTRUKTIONER:
a) Blanda mosad banan, vodka och vanilj.
b) Brant i 1 vecka.
c) Sila av.
d) Blanda socker och vatten i en kastrull.
e) Koka upp på medelvärme.
f) Sjud tills sockret har löst sig.
g) Tillsätt sockerlag.
h) Häll upp på flaskor och lock ordentligt.
i) Dra i minst 1 månad innan servering.

6.Lakrits - likör

INGREDIENSER:
- 2 msk krossad stjärnanis
- 3 koppar vodka
- 2 koppar socker
- 1 kopp vatten

INSTRUKTIONER:
a) Blanda stjärnanis med vodka och dra i 2 veckor.
b) Sila bort stjärnanisen.
c) Koka upp socker och vatten i en kastrull.
d) Sjud tills sockret har löst sig.
e) Blanda sockersirap och vodkablandningen.
f) Häll upp på flaskor och lock ordentligt.
g) Dra i minst en månad innan servering.

7.Plommonlikör

INGREDIENSER:
- 1 pund färska, lila plommon
- 2 koppar vodka
- 1 kopp socker
- 1 1-tums kanelstångskopp vatten
- 4 hela nejlikor

INSTRUKTIONER:
a) Urkärna plommon och skär plommon i 1-tums bitar.
b) Kombinera plommon, socker, kanelstänger, kryddnejlika och vodka.
c) Täck över och låt dra i 2 månader.
d) Skaka burken då och då.
e) Sila av vätskan.
f) Häll upp på flaskor och lock ordentligt.
g) Dra i minst 1 månad innan servering.

8.Mandarinlikör

INGREDIENSER:
- 6 mandariner
- 2 koppar vodka
- ½ kopp socker
- ¾ kopp vatten

INSTRUKTIONER:
a) Använd en svängbar skalare, skala mandariner, skrapa bara bort skalet, undvik det vita membranet.
b) Lägg skalen i en burk med vodkan.
c) Täck ordentligt och låt dra på en sval, mörk plats i 3 veckor.
d) Skaka burken då och då.
e) Sila av vätskan.
f) Blanda socker och vatten i en kastrull.
g) Koka upp på medelvärme.
h) Sjud tills sockret har löst sig.
i) Kyl och tillsätt sedan sockerlag.
j) Häll upp på flaskor och lock ordentligt. Brant i minst 1 månad.

9.kryddpepparlikör

INGREDIENSER:
- 3/4 t sk sked allkrydda _
- 1 1/2 dl vodka
- 1/2 kopp sockersirap

INSTRUKTIONER:
a) Blanda ingredienserna i 10 dagar.
b) Anstränga.
c) Tillsätt sirap.
d) Mognar i 1-6 månader.

10. Lavendel likör

INGREDIENSER:
- 6 T a b le skedar Torkade lavendelblad
- 1 Femte 80-Proof Vodka
- 1 kopp sockerlag

INSTRUKTIONER:
a) Lägg kronbladen i vodkan i en vecka.
b) Sila genom ostduk.
c) Tillsätt sockerlagen och njut .

11. Grönt telikör

INGREDIENSER:
- 6 tskedar gröna teblad _
- 3 koppar vodka
- 1 kopp sirap
- 2 droppar grön matfärg

INSTRUKTIONER:
a) Kombinera och dra tebladen i vodkan i 24 timmar.
b) Skaka burken väl när du lägger i bladen.
c) Tillsätt sötningsmedlet och färga nästa dag.

12. Kanellikör

INGREDIENSER:
- 1 kanelstång
- Kryddnejlika
- 1 tsk Malet korianderfrö
- 1 kopp vodka
- ½ kopp konjak
- ½ kopp sockerlag

INSTRUKTIONER:
a) Blanda alla ingredienser i 2 veckor.
b) Sila tills det är klart och tillsätt sockerlag.
c) Låt den dra i 1 vecka och den är klar att serveras.

13. Vanilj-kaffelikör

INGREDIENSER:
- 1½ koppar Farinsocker; packade
- 1 kopp strösocker
- 2 koppar vatten
- ½ kopp snabbkaffepulver
- 3 koppar vodka
- ½ vaniljstång; dela

INSTRUKTIONER:
a) Koka sockerarter och vatten i 5 minuter.
b) Rör gradvis i kaffet.
c) Blanda i vodka och vanilj.
d) Brant i 1 månad.
e) Ta bort vaniljstången.

14. Mint likör

INGREDIENSER:
- 1¼ kopp färska myntablad, tvättade och klippta
- 3 koppar vodka
- 2 koppar strösocker
- 1 kopp vatten
- 1 tsk Glycerin
- 8 droppar grön matfärg
- 2 droppar blå matfärg

INSTRUKTIONER:
a) Blötlägg mynta och vodka i 2 veckor, skaka regelbundet.
b) Sila och kassera myntabladen från likören
c) I en kastrull, kombinera socker och vatten.
d) Koka upp under konstant omrörning.
e) Tillsätt glycerin och matfärg.
f) Brant igen i 1-3 månader.

15.Söt apelsin & kryddnejlikalikör

INGREDIENSER:
- 3 koppar vodka
- 3 hela söta apelsiner, skurna i klyftor
- ½ citron
- 2 hela kryddnejlika
- 1 kopp Basic sockersirap

INSTRUKTIONER:
a) Blanda vodka, apelsiner, citron och kryddrejlika.
b) Brant i 10 dagar.
c) Sila och kassera det siktade fasta ämnet.
d) Tillsätt sockerlag.
e) Sila upp på flaskor och dra igen i 4 veckor.

16.S jordgubbar och limoncello

INGREDIENSER:
- 30 färska jordgubbar i halvor
- 4 tsk Limoncello likör
- Nymalen peppar
- teskedar färsk apelsinjuice

INSTRUKTIONER:
a) Kombinera jordgubbar, apelsinjuice, likören och nymalen paprika .

b) Brant i minst 30 minuter.

17. Varm smörad cider

INGREDIENSER:
- 1 liter äppelcider
- 2 kanelstänger
- ¼ kopp Lätt majssirap
- 3 hela kryddnejlika
- 2 skivor citron
- 2 msk osaltat smör
- 6 uns äppellikör

INSTRUKTIONER:
a) I en panna, kombinera cider, majssirap, smör, kanelstänger, kryddnejlika och citronskivor.
b) Värm på låg tills cidern är varm och smöret smält. Ta bort från värmen.
c) Medan cidern värms upp, häll ett uns likör i var och en av de 6 muggarna eller värmebeständiga glasen.
d) Häll den varma cidern i muggarna och servera på en gång.

18. Pepparmintssnapslikör

INGREDIENSER:
- ⅓ kopp strösocker
- 1 6 unce s av Light majssirap
- 2 koppar 80-proof vodka
- 2 tsk pepparmyntsextrakt

INSTRUKTIONER:
a) Värm socker och majssirap i en panna i 5 minuter.
b) När sockret har löst sig, tillsätt vodka och rör om väl.
c) Ta bort blandningen från värmen och täck den med ett lock.
d) Låt svalna.
e) Tillsätt pepparmyntsextrakt till blandningen och häll i en flaska.

19.Limelikör

INGREDIENSER:
- 2 dussin limefrukter, tvättade och skivade
- ½ tsk Mald kanel
- 6 kryddnejlika
- 2 pund vitt socker
- 6 koppar 80-proof vodka
- 2 koppar vatten
- Grön matfärg

INSTRUKTIONER:
a) Kombinera lime, kanel, kryddnejlika, vodka, vatten och vitt socker.
b) Skaka ordentligt tills sockret är upplöst. Omslag.
c) Ställ på en sval plats i två veckor.
d) Sila genom en fin sil.
e) Dekantera, häll klar vätska i flaskor.

20.Kryddig örtlikör

INGREDIENSER:
- 6 kardemummaskidor, frön borttagna
- 3 tsk Anisfrön, krossade
- 2¼ tesked Hackad angelicarot
- 1 kanelstång
- 1 kryddnejlika
- ¼ tesked Mace
- 1 femte vodka
- 1 kopp sockersirap
- Behållare: 1/2 gallon burk

INSTRUKTIONER:
a) Blanda alla ingredienserna.
b) Skaka väl och dra i 1 vecka.
c) Sila flera gånger.
d) Tillsätt sockerlagen.

21. Ananas Vodka Likör

INGREDIENSER:
- 1 söt ananas skalad; kärna ur och skivad
- 1 flaska vodka; 750 ml
- 2½ uns vodka med ananas
- ¾ uns Grand Marnier

INSTRUKTIONER:
a) Lägg en mogen ananas i en behållare och täck den med en flaska vodka.
b) Låt stå i kylen i minst 48 timmar.

22. Halloninfunderad vodka

INGREDIENSER:
- 25 o unce flaska vodka
- 1 - pint Hallon

INSTRUKTIONER:
a) Kombinera vodka med färska hallon.
b) Brant i 3 dagar.

23. Papayalikör

INGREDIENSER:
- 1 citronklyfta, skrapat skal
- 1 papaya, skalad, frön avlägsnade och tärningar
- 1 kopp vodka
- ¼ kopp sockersirap

INSTRUKTIONER:
a) Brant papaya i vodka i 1 vecka.
b) Sila frukten, extrahera juice.
c) Tillsätt sockerlag.

24. Blåbärslikör

INGREDIENSER:
- 3 dl Färska blåbär, sköljda och krossade
- 1 varje kryddnejlika
- ½ kopp sockerlag
- 2 koppar vodka
- 1 st citron med kant, skrapat skal

INSTRUKTIONER:
a) Kombinera bär med vodka, citronskal och kryddnejlika.
b) Brant i 3 månader.
c) Sila bort det fasta ämnet.
d) Tillsätt sockerlag.

25. Chokladlikör

INGREDIENSER:
- 2 tsk rent chokladextrakt
- ½ tesked rent vaniljextrakt
- 1½ kopp vodka
- ½ kopp sockersirap
- ½ tesked färsk mynta
- 1 droppe pepparmyntsextrakt

INSTRUKTIONER:
a) Blanda alla ingredienser och låt dra i 2 veckor.
b) Tillsätt mynta och pepparmintsextrakt.
c) Brant i ytterligare 2 veckor.

26.Kokoslikör

INGREDIENSER:
- ½ kopp konjak
- 2 koppar förpackad kokosnöt
- 4 korianderfrön
- ¼ tesked vaniljextrakt
- 3 koppar vodka

INSTRUKTIONER:
a) Tillsätt alla ingredienser och låt dra i 4 veckor.
b) Vänd burken med några dagars mellanrum.

27.Curacao likör

INGREDIENSER:
- 3 matskedar Bitter apelsin, skalad och segmenterad
- 2⅔ kopp 80-proof vodka
- 1⅓ kopp vatten
- 2 koppar vitt socker
- 12 hela kryddnejlika
- 1 tsk mald kanel
- 2 tsk Hela korianderfrön

INSTRUKTIONER:
a) Lägg apelsinsegment tillsammans med det bittra apelsinskalet, kryddnejlika, koriander och kanel i en burk.
b) Blanda i socker, vodka och vatten.
c) Skaka kraftigt tills sockret är upplöst.
d) Brant i upp till 5 veckor.
e) Sila och låt bli klar.

28.Grapefruktlikör

INGREDIENSER:
- 6 grapefrukter
- 3 koppar 80-proof vodka
- 1 kopp vatten
- 2 msk Hela korianderfrö
- 1 tsk mald kanel
- 4 koppar vitt socker

INSTRUKTIONER:
a) Kombinera ingredienserna.
b) Täck och låt dra i flera veckor.
c) Sila och låt likören klarna i en vecka till 10 dagar.
d) Häll av den klara likören.

29. Honungslikör

INGREDIENSER:
- 2 koppar vodka
- ¾ pund honung
- 1 långt skal av en apelsin
- 1 dl vatten, varmt men inte kokande
- 1 kryddnejlika
- 2 kanelstänger, 2 tum vardera

INSTRUKTIONER:
a) Lös upp honungen i vattnet.
b) Tillsätt honungsblandningen till vodka, kryddor och apelsinskal.
c) Låt branta, välkorkade skakning med några dagars mellanrum.
d) Brant i 2 eller 3 veckor.
e) Sila bort det fasta ämnet.

30.Telikör

INGREDIENSER:
- 2 tsk svarta teblad
- 1½ kopp vodka
- ½ kopp sockersirap

INSTRUKTIONER:
a) Blanda allt, utom sirapen, i 24 timmar.
b) Sila och tillsätt sockerlag.
c) Brant i 2 veckor.

31. Pepparmyntslikör

INGREDIENSER:
- 2 tsk pepparmyntsextrakt
- 3 koppar vodka
- 1 kopp sockersirap

INSTRUKTIONER:
a) Blanda alla ingredienser och rör om.
b) Brant i 2 veckor.

32. Angelica likör

INGREDIENSER:
- 3 matskedar Torkad hackad angelicarot
- 1 msk hackad mandel
- 1 kryddpepparbär, knäckt
- ⅛ tesked pulveriserat korianderfrö
- 1 tsk sked _ torkade mejramblad
- 1 st kanelstång, trasig
- 1½ kopp vodka
- ½ kopp strösocker
- 6 anisfrön, krossade
- ¼ kopp vatten
- 1 droppe av varje gul och grön matfärg

INSTRUKTIONER:
a) Kombinera alla örter, nötter och kryddor med vodka.
b) Lock tätt och skaka dagligen i 2 veckor.
c) Sila och kassera det fasta ämnet.
d) Rengör en blötläggningsbehållare och lägg tillbaka vätskan i behållaren.
e) Värm socker och vatten i en kastrull.
f) Tillsätt matfärg och tillsätt likören.
g) Brant i 1 månad.

33. Blåbär och apelsinlikör

INGREDIENSER:
- 1 dl likör med apelsinsmak
- 1 kopp vatten
- 1 kopp socker
- 1½ pund Färska blåbär
- 20 färska lavendelblomhuvuden

INSTRUKTIONER:
a) Blanda likör, vatten och socker i en kastrull.
b) H ät , rör om ofta tills sockret är upplöst.
c) Lägg blåbär i varma burkar, och 4 lavendelhuvuden i varje burk.
d) Häll varm vätska i burkar.
e) Värm burkarna i ett varmt vattenbad i 15 minuter .

34.Kumminfrö likör

INGREDIENSER:
- 4 msk kumminfrön, krossade eller halvmalda
- 1 kopp socker
- 1 flaska vodka
- 1-liters burk

INSTRUKTIONER:
a) Lägg fröna i en ren burk.
b) Tillsätt sockret och vodkan.
c) Skaka dagligen i en månad.
d) Sila av fröna och tillsätt socker.

35. Apple Vodka likör

INGREDIENSER:
- 2 pund syrliga/söta smakrika äpplen, kärrade ur och hackade
- 1 kopp socker
- 1 flaska vodka
- 1 halv-liters burk

INSTRUKTIONER:
a) Tillsätt sockret och konjaken och sätt på burken med lock.
b) Skaka varje dag i en till två månader.
c) Sila ur frukten och tillsätt sockerlag.

36.P varje Vodkalikör

INGREDIENSER:
- 2 pund mogna persikor
- 1 kopp socker
- 1 flaska vodka

INSTRUKTIONER:
a) Tillsätt persikorna, sockret och alkoholen i en burk.
b) Täck och skaka en gång om dagen eller så i en till två månader.
c) sila och söta sedan med sockerlag.
d) Dessa frukter är också trevliga lätt kryddade med hela kryddor.

37. Akvavit vodka

INGREDIENSER:
- 50 uns vodka av god kvalitet
- 3 msk kumminfrö, rostat
- 2 matskedar spiskummin, rostat
- 2 matskedar dillfrö, rostat
- 1 msk fänkålsfrö, rostat
- 1 matsked korianderfrö, rostat
- 2 hela stjärnanis
- 3 hela nejlikor
- Skala ½ ekologisk citron och skär den i strimlor
- Skala ½ ekologisk apelsin och skär den i strimlor
- 1-ounce enkel sirap

INSTRUKTIONER:
a) Krossa frön lätt i en mortel och mortelstöt och lägg dem sedan i en infusionsburk.
b) Tillsätt stjärnanis, kryddnejlika, citron och apelsinskal och sedan vodkan.
c) Förslut tätt med lock och skaka kort.
d) Infundera i rumstemperatur i minst 2 veckor. Skaka burken varannan dag under infusion.
e) Sila av vätskan.
f) Tillsätt den enkla sirapen och flaskan.

38. Citron Vodka

INGREDIENSER:
- 750 ml vodka
- ¼ kopp torkat ekologiskt citronskal

INSTRUKTIONER:
a) Skala 3 färska ekologiska citroner, skär i tunna strimlor, utan märg
b) I en halv-liters Mason-burk, häll vodka över citronskal och färskt skal.
c) Täck över och låt jäsa i 2 dagar.
d) Sila ur citronskalet.

39. Orange Bitter

INGREDIENSER:
- Skala 3 ekologiska apelsiner, skär i tunna strimlor
- ¼ kopp torkat ekologiskt apelsinskal
- 4 hela nejlikor
- 8 st gröna kardemummabaljor, spruckna
- ¼ tesked korianderfrön
- ½ tesked torkad gentianarot
- ¼ tesked hel kryddpeppar
- 2 koppar högbeständig vodka
- 1 kopp vatten
- 2 matskedar Rich Sirap

INSTRUKTIONER:
a) Lägg apelsinskalet, det torkade apelsinskalet, kryddorna och gentianaroten i en 1-quart Mason-burk.
b) Tillsätt vodkan.
c) Lägg på locket och dra i 2 veckor.
d) Skaka upp det en gång om dagen.
e) Sila av vätskan i en ren 1-quart Mason-burk.
f) Överför de fasta ämnena till en kastrull. Täck burken och ställ den åt sidan.
g) Häll vattnet över det fasta ämnet i pannan och låt koka upp på medelvärme.
h) Täck pannan, sänk värmen till låg och låt sjuda i 10 minuter.
i) Tillsätt vätskan och fasta ämnen i pannan till en annan 1-quart Mason-burk.
j) Täck och låt dra i en vecka, skaka burken varje dag.
k) Sila ut det fasta ämnet med ostduk och kassera det. Tillsätt vätskan i burken med den ursprungliga vodkablandningen.
l) Tillsätt den rika sirapen, rör om så att den blandas väl, stäng sedan locket och skaka för att blanda och lösa upp sirapen.
m) Brant i 3 dagar.
n) Skumma sedan bort allt som flyter upp till ytan och sila det en gång till genom ostduken.
o) Använd en tratt för att flaska den.

40.Jordgubbe Vanilj Vodka

INGREDIENSER:
- 1 liter vodka
- 2 dl jordgubbar, skivade
- 2 st vaniljstång, delade på längden

INSTRUKTIONER:
a) Tillsätt jordgubbar i en ren glasburk med vaniljbönor.
b) Tillsätt vodka och låt dra i minst 3 dagar.
c) Sila och släng jordgubbar och vaniljstång.
d) Sila några gånger för att ta bort allt sediment.

41.Citron Granatäpplelikör

INGREDIENSER:
- 1 kopp granatäpplekärnor
- 750 ml vodka
- 1 citron, skuren i klyftor

INSTRUKTIONER:
a) Blanda alla ingredienser i en burk.
b) Brant i fem dagar, skakar varje dag,
c) Sila infusionsingredienserna.

42.Björnbär Orange Infunderad Vodka

INGREDIENSER:
- 1 dl björnbär
- 750 ml vodka
- 1 ekologisk apelsin, skuren i klyftor

INSTRUKTIONER:
a) Blanda alla ingredienser i en burk.
b) Brant i tre dagar, skaka varje dag.
c) Sila infusionsingredienserna.

43. Marshmallow Vodka

INGREDIENSER:
- Marshmallows, hackad i bitar
- Vodka

INSTRUKTIONER:
a) Lägg marshmallows i en fransk press.
b) Häll vodka i pressen över marshmallows, tills den är full.
c) Brant i minst 12 timmar.
d) Sila och förvara.

TEQUILA

44. Citrongräs-Ingefära likör

INGREDIENSER:
- 2 stjälkar färskt citrongräs, skalade och hackade
- 1 färsk ingefära
- 750 milliliters flaska Blanco tequila

INSTRUKTIONER:
a) Lägg citrongräset och ingefäran i en burk.
b) Häll tequilan över örterna och skaka om den.
c) Förslut locket tätt och brant i ca 2 veckor.
d) Sila bort det fasta ämnet.

45. Margaritalikör

INGREDIENSER:
- 1 limeskal; skärs i en kontinuerlig spiral
- 1 flaska silvertequila
- 1 apelsinskal; skärs i en kontinuerlig spiral
- 6 uns Cointreau

INSTRUKTIONER:
a) Lägg till citrus och limeskal s till tequilan och tillsätt sedan Cointreau .
b) Kyl i minst 1 dag.
c) Ta bort skalet om likören börjar bli bitter.

46. Mexikansk tepunch

INGREDIENSER:
- 2 koppar Tequila
- 2 koppar te; Stark, kall
- 1 kopp ananasjuice
- ¼ kopp honung
- ¼ kopp vatten
- ¼ kopp limejuice
- ¼ kopp citronsaft
- 1½ tesked kanel; Jord
- 1½ tesked Aromatic Bitters

INSTRUKTIONER:
a) Blanda alla ingredienser.
b) Servera över is.

47.Jalapeño Kalk Tequila

INGREDIENSER:
- 1 liter Blanco tequila
- 2 jalapeños, skivade i skivor
- 2 limefrukter, skivade

INSTRUKTIONER:
a) Blanda ingredienserna i minst 12 timmar.
b) Sila och kassera jalapeños och limefrukter.
c) Sila några gånger för att ta bort allt sediment.
d) Förslut i en ren burk.

48. Ananas och Serrano tequila

INGREDIENSER:
- 750 ml Tequila
- Serrano chilipeppar; seedade
- 1 kvist dragon
- 1 ananas; skalade, kärnade ur och tärnade

INSTRUKTIONER:
a) Blanda alla ingredienser och skaka väl.
b) Brant i 48 till 60 timmar.
c) Sila av tequilan och frys den i ytterligare 12 timmar.
d) Servera i snapsglas.

49.Ingefära Citrongräs Tequila

INGREDIENSER:
- 750 ml flaska premium Blanco tequila
- 2 stjälkar citrongräs
- 1 färsk ingefära

INSTRUKTIONER:
a) Ta citrongräs och skala av locket.
b) Tillsätt citrongräset och en skiva ingefära.
c) Tillsätt tequilan.
d) Brant i 2 veckor.
e) Server efter silning.

50. Mandelguldlikör

INGREDIENSER:
- 8 uns oskalade mandlar; rostat och hackad
- ½ vaniljstång; dela
- 1 stång kanel; 3 tum
- 1 flaska guld tequila
- 2 msk kryddig piloncillosirap
- ¼ tesked rent mandelextrakt

INSTRUKTIONER:
a) Blanda nötter, vaniljstång och kanel.
b) Tillsätt tequilan och låt dra i 2 veckor.
c) Sila flera gånger.
d) Tillsätt sirap och mandelextrakt.
e) Häll upp i en burk: och dra i ytterligare 2 veckor.

ROM

51. Kaffe Likör

INGREDIENSER:
- 1 recept på kallbryggt kaffe
- ½ kopp vatten
- ½ kopp mörkt farinsocker
- 1 dl mörk rom
- ½ vaniljstång, delad

INSTRUKTIONER:
a) Koka upp vattnet och farinsockret på hög värme.
b) Sjud och rör om för att lösa upp sockret.
c) Blanda sockersirap, rom och kaffe i en burk.
d) Rör ner vaniljfröna och skida till kaffeblandningen.
e) Sätt tillbaka locket på burken och låt dra i minst 2 veckor, skaka en gång om dagen.
f) Ta bort vaniljstången.

52.Banan och kokos likör

INGREDIENSER:
- ½ kopp indunstad mjölk
- 1½ kopp rom
- ½ kopp vodka
- 2 mogna bananer; mosad
- ½ kopp sötad kondenserad mjölk
- 2 tsk kokosextrakt
- 1 dl kokosgrädde

INSTRUKTIONER:
a) Blanda bananer, kokosextrakt, rom, mjölk och vodka.
b) Tillsätt grädde av kokos och pulsera igen.

53. Kryddat Rom

INGREDIENSER:
- 1 hel muskotnöt
- 3 kryddpepparbär
- 1 navelapelsin, skalad
- 1 vaniljstång, delad på längden
- 750 milliliters flaska lagrad rom
- 2 hela kryddnejlika
- 1 kardemummakapsel
- 4 svartpepparkorn
- Sorghum sirap
- 1 kanelstång, krossad
- 1 stjärnanis

INSTRUKTIONER:
a) Lägg hela muskotnöten i en ren handduk och slå med en klubba.
b) Lägg muskotnöt och alla andra kryddor i en sautépanna.
c) Rosta kryddorna lätt i 2 minuter.
d) Ta av från värmen och låt svalna.
e) Överför till en kvarn och pulsera.
f) Lägg skalet i en 1-quart Mason-burk och tillsätt rom och rostade kryddor.
g) Stäng locket, skaka för att blanda och låt dra i 24 timmar.
h) Sila den kryddade rommen genom en sil.
i) Häll upp i en ren glasburk eller flaska och etikettera.

54.Jasmin te likör

INGREDIENSER:
- 1-pint mörk rom
- ½ kopp Jasminte
- 1 kopp sockersirap

INSTRUKTIONER:
a) Blanda allt, utom sirapen, i 24 timmar.
b) Tillsätt sockerlagen.

55. Mocka grädde likör

INGREDIENSER:
- ¼ tesked kokosextrakt
- 4 tsk Instant espressokaffepulver
- 1 kopp mörk rom
- ½ tsk Mald kanel
- ½ tsk vaniljextrakt
- 1 kopp tung grädde
- 1 burk sötad kondenserad mjölk
- ¼ kopp choklad - smaksatt sirap

INSTRUKTIONER:
a) Blanda alla ingredienser i en matberedare.
b) Pulsera tills blandningen är slät.

56.svenska frukt i likör

INGREDIENSER:
- 1 pint blåbär, skalade
- 1-pint hallon, skalade
- 1-pint jordgubbar, skalade
- 1-pint röda vinbär
- 1 kopp strösocker
- ⅔ kopp konjak
- ⅔ kopp Lätt rom
- Vispad grädde till garnering

INSTRUKTIONER:
a) Lägg bär och röda vinbär i en glasskål.
b) Tillsätt socker, konjak och rom, rör om då och då.
c) Låt stå över natten i kylen.

57. Tranbärshjärtat

INGREDIENSER:
- 8 koppar råa tranbär, hackade
- 6 koppar socker
- 1 liter ljus eller bärnstensfärgad rom

INSTRUKTIONER:
a) Blanda tranbär, socker och rom i en burk.
b) Brant i 6 veckor, skaka varje dag.
c) Sila av den hjärtliga.

58. Krämig romlikör

INGREDIENSER:
- 400 ml kondenserad mjölk
- 300 milliliter grädde
- 2 teskedar snabbkaffe löst i kokt vatten
- 300 milliliter mjölk
- ¾ kopp rom
- 2 msk chokladsås

INSTRUKTIONER:
a) Blanda alla ingredienser.
b) Servera kyld.

59. Ananas Rom

INGREDIENSER:
- 1 ananas, urkärnad och skivad i spjut
- 1 liter vit rom

INSTRUKTIONER:
a) Kombinera ananas och rom i en glasburk och förslut.
b) Brant i minst 3 dagar.
c) Sila genom en finmaskig sil och kassera ananasen.
d) Förslut i en ren burk.

60. Citrus Sangria

INGREDIENSER:
- 750 milliliters flaska söt Moscato
- 1½ dl ananasjuice
- 1 kopp vit rom
- 1 kopp ananasbitar
- 2 limefrukter, skivade
- 2 apelsiner, skivade

INSTRUKTIONER:
a) Blanda alla ingredienser till en kanna och rör om.
b) Kyl i minst 2 timmar innan servering.

61. Frukt Stansa

INGREDIENSER:
- 6 koppar fruktpunch
- 3 koppar ananasjuice
- 2 dl persikosnaps
- 2 dl vit rom
- 1 kopp citron-lime läsk
- ¼ kopp limejuice
- 2 limefrukter, skivade och frysta
- 1 apelsin, skivad och fryst

INSTRUKTIONER:
a) Kombinera fruktpunchen, ananasjuice, persikosnaps, rom, läsk och limejuice i en kanna.
b) Rör om tills det är väl blandat, täck sedan över och ställ i kylen tills det är kallt.
c) Häll fruktpunchen i en punchskål och lägg sedan i den frysta frukten.
d) Servera och njut!

WHISKY

62. Citron Infunderad Bourbon

INGREDIENSER:
- 2 uns ingefäralikör
- 2 uns bourbon
- ½ ekologisk citron

INSTRUKTIONER:
a) Lägg ingefärslikören och citronen i ett mixerglas.
b) Blanda bra med en muddler.
c) Tillsätt ungefär en kopp knäckt is och bourbon.
d) Rör om väl tills glaset är frostigt.
e) Häll upp i ett cocktailglas eller vinglas; anstränga dig inte.
f) Garnera med en citronskiva.

63. Bacon-infunderad gammaldags

INGREDIENSER:
BOURBON-BACON:
- 4 skivor bacon, kokta och fett reserverade
- 750 ml. flaska bourbon

GAMMALDAGS:
- 2 skvätt Angostura bitters
- 2 uns baconinfunderad bourbon
- 1/4 uns lönnsirap

INSTRUKTIONER:
FÖR DEN BACON-INFUSERADE BOURBONEN
a) Kombinera bourbon och baconfettet i en icke-porös behållare.
b) Sila och infundera i 6 timmar i frysen.
c) Ta bort fettet och sila tillbaka blandningen i flaskan.

FÖR COCKTAILN
d) Kombinera baconinfunderad bourbon, lönnsirap och bitter med is.
e) Sila ner i ett kylt stenglas fyllt med is.

64. Persika och kanellikör

INGREDIENSER:
- 1½ pund persikor; skalade och skivade
- 1½ kopp socker
- 4 citronskal; remsor
- 3 hela kryddnejlika
- 2 kanelstänger
- 2 koppar Bourbon

INSTRUKTIONER:
a) Blanda alla ingredienser och värm i 40 minuter tills sockret lösts upp, rör om två gånger.
b) Täck över och låt dra i 3 till 4 dagar.
c) Sila före användning.

65. Choklad crème likör

INGREDIENSER:
- 2 koppar tung grädde
- 1 kopp whisky
- ¼ kopp osötat kakaopulver
- 14 uns sötad kondenserad mjölk
- 1½ msk vaniljextrakt
- 1 msk Instant espressopulver
- 1 msk kokosextrakt

INSTRUKTIONER:
a)   Mixa alla ingredienser i en matberedare tills de är slät.

66. Bing Cherry likör

INGREDIENSER:
- 2 skivor citron
- 1 Femte VO
- Bing körsbär
- 2 matskedar socker

INSTRUKTIONER:
a) Fyll varje burk till hälften med körsbär.
b) Lägg till varje citronskiva och en matsked socker.
c) Fyll sedan till toppen med VO stäng locket tätt, skaka och låt dra på en sval plats i 6 månader.

67. Apelsin och honung Lekör

INGREDIENSER:
- 1 flaska whisky
- 2 dl apelsinblomshonung
- skal av 2 apelsiner eller mandariner
- 4 matskedar korianderfrön, blåslagna

INSTRUKTIONER:
a) Blanda allt i burken.
b) Stäng locket och skaka en gång om dagen i en månad.
c) Sila och flaska likören.

68. Jag rish cream likör

INGREDIENSER:
- 1¼ kopp irländsk whisky
- 14 uns sötad kondenserad mjölk
- 1 kopp tung grädde
- 4 ägg
- 2 msk sirap med chokladsmak
- 2 teskedar snabbkaffe
- 1 tsk vaniljextrakt
- ½ tesked mandelextrakt

INSTRUKTIONER:
a) Mixa alla ingredienser i en mixer tills de är slät.

69. Tranbär Orange Whisky

INGREDIENSER:
- 2 kanelstänger
- ½ kopp färska tranbär
- 1 apelsin, skivad i klyftor
- 1 liter whisky

INSTRUKTIONER:
a) Kombinera tranbär, apelsin, whisky och kanelstång i en glasburk.
b) Brant i minst 3 dagar.
c) Sila och kassera tranbär, apelsiner och kanel.
d) Förslut i en ren burk.

70.Kaffe-Vanilj Bourbon

INGREDIENSER:
- 2 vanilj bönor, delade
- 1/2 kopp kaffe bönor lite krossad
- 32 uns av whisky

INSTRUKTIONER:
a) Kombinera allt och låt dra på en sval, mörk plats i minst 2 dagar.

71.Körsbär-vanilj Bourbon

INGREDIENSER:
- 2 vanilj bönor , delade
- 8 uns torkas eller färsk körsbär
- 32 uns av whisky

INSTRUKTIONER:
a) Kombinera allt och låt dra på en sval, mörk plats i minst 2 dagar.

72. Äppel-kanel Whisky

INGREDIENSER:
- 2 äpplen, skalad och hackad
- a handfull av kanel pinnar
- 32 uns av whisky

INSTRUKTIONER:
a) Kombinera allt och låt dra på en sval, mörk plats i minst 2 dagar.

73. Vanilj Böna Bourbon

INGREDIENSER:
- 8 uns av din favorit Bourbon
- 2 vaniljstång, delade på längden

INSTRUKTIONER:
a) Kombinera allt och dra i 4 dagar.
b) Skaka upp det ett par gånger dagligen så att infusion sker.
c) Sila vaniljstången och servera.

GIN

74. Cajun martini

INGREDIENSER:
- 1 Jalapeñopeppar; skivad upp till stjälken
- ½ flaska gin
- ½ flaska vermouth

INSTRUKTIONER:
a) Tillsätt jalapeño i ginflaskan och fyll ginen med vermouth.
b) Kyl i 8 till 16 timmar.
c) Sila ner i en ren flaska.

75. Tranbär gin

INGREDIENSER:
- 1 flaska gin
- 6 uns tranbär
- 7 uns socker
- Några blancherade mandlar; knäckt
- 1 bit kanelstång
- Kryddnejlika

INSTRUKTIONER:
a) Häll ginen i en kanna.
b) Pricka tranbären med ett spett eller gaffel och lägg dem i den tomma ginflaskan tills den är halvfull.
c) Tillsätt socker, mandel och kryddor.
d) Häll tillbaka ginen för att fylla flaskan. Locket ordentligt.
e) Låt stå på en varm plats i några dagar, skaka flaskan då och då tills sockret är upplöst.

76. Pomander gin

INGREDIENSER:
- 1 Sevilla apelsin
- 2 hela kryddnejlika
- 3 uns socker
- 1 flaska gin

INSTRUKTIONER:
a) Stick ner kryddnejlika i apelsinen och lägg sedan apelsinen och sockret i en vidhalsad burk.
b) Tillsätt ginen och skaka tills sockret är upplöst.
c) Låt stå på en sval plats i 3 månader.
d) Sila och kassera de fasta ämnena.

77.Citron Ingefära Kardemumma Gin

INGREDIENSER:
- 4 st kardemummakapslar
- 2 bitar skalad ingefära, skivad i rundor
- 3 citroner, skivade i rundlar
- 1 liter gin

INSTRUKTIONER:
a) Kombinera gin, citron, ingefära och kardemumma i en glasburk.
b) Brant i minst 3 dagar.
c) Sila bort det fasta ämnet.

78.Äpple och Päron Gin

INGREDIENSER:
- 750 ml flaska gin
- 4 röda äpplen, skivade
- 1 päron, skivat
- 1/4 pund torkade päron

INSTRUKTIONER:
a) Rör ner gin och frukter i en burk och skaka.
b) Lägg den på en mörk plats.
c) Sila ur frukterna.

79. Grön Te Gin

INGREDIENSER:
FÖR DEN GRÖNT TE-INFUSERADE GIN
- 750ml flaska gin
- 1/4 kopp grönt teblad

FÖR DEN SALTADE PISTASCHHONINGSSIRAPEN
- 1/2 kopp vatten
- 1/2 kopp saltade pistagenötter
- 1/2 kopp honung

INSTRUKTIONER:
a) Blanda alla ingredienser och låt dra i 2 timmar.
b) Sila ur tebladen.

BRANDY

80. Mandarin apelsin Likör

INGREDIENSER:

- 32 uns konjak
- 2 pund ekologiska mandarin apelsiner skalade, skivade
- ½ kopp torkat ekologiskt sött apelsinskal
- Enkel sirap

INSTRUKTIONER:

a) Dela skalet mellan de två burkarna. Tillsätt konjak till varje burk inom ungefär en tum från toppen.
b) Låt burkarna dra, borta från solen, i minst 2 dagar.
c) Skaka burkarna en gång om dagen.
d) Sila av frukten ur konjaken.
e) Tillsätt enkel sirap och en flaska.
f) Brant på en sval mörk plats i minst en månad.

81. Amaretto likör

INGREDIENSER:
- 1 kopp sockersirap
- ¾ kopp vatten
- 2 torkade aprikoshalvor
- 1 msk mandelextrakt
- ½ kopp ren korn alkohol och
- ½ kopp vatten
- 1 kopp konjak
- 3 droppar gul matfärg
- 6 droppar röd matfärg
- 2 droppar blå matfärg
- ½ tesked Glycerin

INSTRUKTIONER:
a) Sjud tills allt socker är upplöst.
b) Kombinera aprikoshalvor, mandelextrakt och kornsprit med ½ kopp vatten och konjak.
c) Rör ner sockerlagsblandningen.
d) Cap och brant i 2 dagar. Ta bort aprikoshalvorna.
e) Tillsätt matfärg och glycerin.
f) Brant igen i 1 till 2 månader.

82. Aprikoslikör

INGREDIENSER:

- 1 kopp vatten
- 1 pund torkade, urkärnade aprikoser
- 1 msk strösocker
- 1 kopp skivad mandel
- 2 koppar konjak
- 1 kopp socker
- 1 kopp vatten

INSTRUKTIONER:

a) Blötlägg aprikoserna i kokt vatten i 10 minuter.
b) Häll av eventuellt kvarvarande vatten.
c) Kombinera aprikoser, strösocker, mandel och konjak.
d) Rör om väl för att blanda.
e) Täck ordentligt och låt dra på en sval, mörk plats i minst 2 veckor.
f) Sila vätska.
g) Blanda socker och vatten i en kastrull.
h) Koka upp på medelvärme.
i) Sjud tills sockret har lösts upp helt.
j) Tillsätt sockerlag.
k) Häll upp på flaskor och lock ordentligt.
l) Dra i minst 1 månad innan servering.

83. Hallon likör

INGREDIENSER:
- 4 koppar rena torra hallon
- 4 koppar konjak
- 1 kopp sockersirap

INSTRUKTIONER:
a) Blanda hallon och konjak i en burk.
b) Täta och branta på en solig fönsterbräda i 2 månader.
c) Tillsätt sockerlagen i hallonlikören.
d) Sila och förvara.

84. äpple kanel brandy

INGREDIENSER:
- 1 pund röda äpplen, delade och kärnade ur
- 1 kanelstång
- 2 hela kryddnejlika
- 3 koppar konjak
- 1 kopp socker
- 1 kopp vatten

INSTRUKTIONER:
a) Kombinera äpplen, kanelstänger, kryddnejlika och konjak i en burk.
b) Täck ordentligt och låt dra på en sval, mörk plats i 2 veckor.
c) Sila vätska.
d) Blanda socker och vatten i en kastrull. Koka upp på medelvärme.
e) Sjud tills sockret har löst sig.
f) Tillsätt sockerlag.
g) Häll upp på flaskor och lock ordentligt.
h) Dra i minst 1 månad innan servering.

85. Kalifornien äggtoddy

INGREDIENSER:
- 1 liter Kallberedd äggnock
- 1½ kopp aprikosbrännvin
- ¼ kopp Triple Sec
- Muskotnöt, till garnering

INSTRUKTIONER:
a) I en kanna, rör om äggnog, aprikosbrännvin och Triple Sec.
b) Täck över och kyl i minst fyra timmar för att blanda smaker.
c) Garnera med muskotnöt.

86. Körsbär brandy

INGREDIENSER:
- ½ pund Bing körsbär. stammade
- ½ pund strösocker
- 2 koppar konjak

INSTRUKTIONER:
a) Lägg körsbär i en 1-liters burk.
b) Häll socker över körsbären.
c) Häll konjak över socker och körsbär.
d) Brant i 3 månader. SKAKA INTE.
e) Sila i en flaska.

87. Mandellikör

INGREDIENSER:
- 1 kopp sockersirap
- 2 koppar vodka
- 2 koppar konjak
- 2 tsk mandelextrakt

INSTRUKTIONER:
a) Kombinera sockersirap, vodka, konjak och mandelextrakt.
b) Häll upp på flaskor.
c) Dra i minst 1 månad innan servering.

88. Päronlikör

INGREDIENSER:
- 1 pund fasta mogna päron, kärnade ur och tärnade
- 2 hela kryddnejlika
- 1 dl konjak
- 1 1-tums kanelstång
- Nypa muskotnöt
- 1 kopp socker

INSTRUKTIONER:
a) Kombinera kryddnejlika, kanel, muskotnöt , socker och konjak.
b) Brant i 2 veckor.
c) Skaka burken dagligen. Sila av vätskan.

89.Ingefära Likör

INGREDIENSER:
- 2 uns färsk ingefära, skalad
- vaniljböna
- 1 kopp socker
- 1½ dl vatten
- Skal av 1 ekologisk apelsin
- 1½ dl konjak

INSTRUKTIONER:
a) Koka upp ingefära, vaniljstång, socker och vatten i en kastrull.
b) Sjud i 20 minuter.
c) Ta bort från värmen och låt svalna.
d) Häll sirapen i en burk och tillsätt apelsinskalet eller skalet och konjaken.
e) Förslut, skaka och låt dra i en dag.
f) Ta bort vaniljstången och låt dra ytterligare en dag.
g) Sila i en flaska och låt dra i 2 veckor innan användning.

90.Kaffe vanilj likör

INGREDIENSER:
- 2 o unce s gott snabbkaffe
- 2 koppar socker
- 4 unce s vanilj, hackad
- 1-2 Madagaskar eller Tahitiska vaniljbönor
- flaska brännvin

INSTRUKTIONER:
a) Värm upp vatten, kaffe och socker för att sjuda.
b) Ta av från värmen och kyl.
c) Tillsätt 4 uns vanilj.
d) Häll i kaffe/socker/vatten /konjak och rör om.
e) Brant i två till tre månader.
f) Sila ur vaniljstången.

91. Kardemumma-fig Brandy

INGREDIENSER:

- 2 hela kardemummakapslar
- 1 dl torkade eller färska fikon, halverade
- 32 uns av konjak

INSTRUKTIONER:

a) Kombinera alla ingredienser.
b) Täck dem ordentligt och låt dem dra på en sval, mörk plats i minst 2 dagar.

92. Plommon-kanel Brandy

INGREDIENSER:
- 2 plommon eller katrinplommon, urkärnade och i fjärdedelar
- en näve kanelstänger
- 32 uns av konjak

INSTRUKTIONER:
a) Lägg dina infusionsingredienser i alkoholen, täck tätt,
b) Brant på en sval, mörk plats i minst 2 dagar.

93. Chai-päron Brandy

INGREDIENSER:
- 2–3 chai tepåsar
- 2 päron, skivade
- 32 uns av konjak

INSTRUKTIONER:
a) Brant 2–3 chai tepåsar i konjaken.
b) Brant konjak med 2 päron i 2 dagar.

COGNAC

94. Grand apelsin-cognac likör

INGREDIENSER:

- ½ kopp strösocker
- 2 dl konjak eller fransk konjak
- ⅓ kopp apelsinskal
- ½ tesked Glycerin

INSTRUKTIONER:

a) Lägg skal och socker i en skål.
b) Mosa och blanda med en mortelstöt tills sockret har absorberats.
c) Lägg i blötningsbehållare. Tillsätt konjak.
d) Rör om, lock och låt dra på en sval mörk plats i 2 till 3 månader.
e) Efter inledande blötläggning, häll genom en finmaskig sil.
f) Häll glycerin i en blötningsbehållare och placera tygpåsen inuti silen.
g) Sila genom duken.
h) Rör om med en träslev för att kombinera.
i) Brant i 3 månader till.

95.Färska fikon curacao

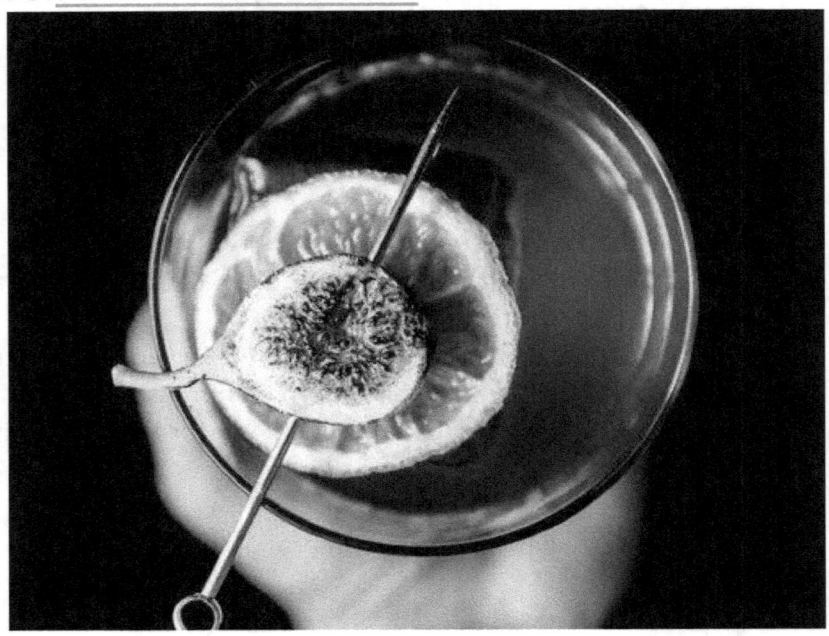

INGREDIENSER:
- 12 fikon , skalade och i fjärdedelar
- 1 matsked konjak
- 1 kopp Tung grädde, vispad
- ⅓ kopp Curacao

INSTRUKTIONER:
a) Marinera fikonen i konjaken i 30 minuter eller längre.
b) Blanda grädden och Cura ca.
c) Vik in fikonen.

96. Chai-infunderad Cognac

INGREDIENSER:
- 8 uns konjak
- 2 chai tepåsar

INSTRUKTIONER:
a) Kombinera konjaken med tepåsarna i en burk.
b) Brant i 2 timmar.
c) Sila i en lufttät behållare.

97. Körsbärsinfunderad cognac

INGREDIENSER:
- 33 uns konjak
- 0,15 uns vaniljstång
- 23 ounce Sötkörsbär, urkärnade
- 7 uns strösocker

INSTRUKTIONER:
a) Fyll en tvåkvartsburk med urkärnade söta körsbär.
b) Tillsätt strösocker, en vaniljstång och konjak.
c) Stäng burken och låt dra i 2 veckor

98. Fikon & Grand Marnier likör

INGREDIENSER:
- 1/4 uns enkel sirap
- 3/4 uns Grand Marnier
- 1/2 uns färsk apelsinjuice
- 2 uns fikoninfunderad konjak
- 1/2 uns färsk citronsaft

INSTRUKTIONER:
a) Kombinera konjaken, Grand Marnier, citronsaft, apelsinjuice och enkel sirap.
b) Skaka ordentligt och dra i några timmar.
c) Dubbelsila i ett glas.

99.Persika Infunderad Cognac

INGREDIENSER:
- 500 ml konjak
- 8 hela torkade persikor, hackade

INSTRUKTIONER:
a) Lägg persikorna i ett glas.
b) Häll Cognac i en behållare, rör om och täck.
c) Brant i 24 timmar, borta från ljus.
d) Sila ur persikorna.

100. Ananas Orange Bitters Likör

INGREDIENSER:
- 1/2 uns ananas-infunderad Cognac
- 1/4 uns maraschinolikör
- 1 skvätt apelsinbitter
- 1 skvätt Angostura apelsinbitter

INSTRUKTIONER:
a) Kombinera konjak, maraschinolikör och apelsinbitter.
b) Rör om för att kombinera.
c) Brant några timmar.

SLUTSATS

När vi når de sista sidorna av "DEN ULTIMA GUIDEN FÖR BOTANISKA COCKTAILS", hoppas vi att denna resa genom trädgård-till-glas-mixologi har fått dina smaklökar att pirra av spänning. En värld av botaniska cocktails är ett bevis på konsten att tillverka drycker som inte bara fräschar upp utan också väcker sinnena med naturens väsen.

Dessa 100 snabba och enkla recept är en hyllning till den alkemi som uppstår när färska ingredienser möter dina favoritsprit, från de saftiga citrusnoterna till de aromatiska örterna som dansar i gommen. Oavsett om du har skakat om dessa cocktails för en livlig sammankomst eller njutit av en lugn stund av eftertanke med en trädgårdsdryck i handen, litar vi på att varje klunk har transporterat dig till en plats av botanisk lycka.

När du fortsätter din utforskning av trädgård-till-glas-trenden, kan du bli inspirerad att experimentera med dina egna kombinationer och föra in det vackra med växter i dina mixologisträvanden. Här är till otaliga fler ögonblick av klirrande glasögon, skratt och den förtjusande smaken av naturens överflöd i varje klunk. Skål för den ultimata botaniska cocktailupplevelsen!

www.ingramcontent.com/pod-product-compliance
Lightning Source LLC
Chambersburg PA
CBHW071907110526
44591CB00011B/1583